# 바람개비

虛雲 이현용 시집

광진문화사

虛雲 이현용 시집
## 바람개비

| 인 쇄 | 2024년 6월 5일 |
| 발 행 | 2024년 6월 10일 |

**지은이** 이현용
**발행인** 유차원
**펴낸곳** 광진문화사
**발행소** 04556 서울 중구 마른내로 4가길 5
　　　　남양빌딩 3층 광진문화사
**전　화** 02-2278-6746
**작가 이메일** hyongli@hanmail.net
**출판 등록** 제2-4312

* 이 책의 저작권은 저자에게 있으며 저자의 서면 동의 없는
  무단 전재 및 복제를 금합니다.
* 인지는 생략합니다.
* 잘못된 책은 바꿔 드립니다.

# 바람개비

虛雲 이현용 시집

| 시인의 말 | **시**집을 엮으며!

**세월은** 경주마처럼 지나갔다. 2014년 등단한 이후 10년 만에 3번째 시집을 출간하니 내 게으름을 탓할 수밖에 없다.

시간은 양면성을 가진 존재다. 많은 것들을 가져다주기도 하지만 앗아가기도 한다. 즐거움과 행복을 주는 시간 속에 불행과 아픔이 존재한다는 이중성을 간과한 대가는 너무나 가혹했다.

너무나 큰 아픔이었다. 아내와 아들이 내 곁을 떠나간 뒤에 내 삶은 속절없이 허물어 졌다. 무슨 생각인들 안 했으랴만 사랑하는 딸과 시가 나의 버팀목이 되어 주었다. 사랑했던 사람들을 지키지 못한 자책으로 죄인처럼 살면서 대인기피증에 시달리기도 했다.

서럽고 외롭고 그리울 때마다 글을 썼다. 내 글의 근간은 사랑했던 아내와 아들이다. 그들에 대한 그리움과 회한 그리고 삶에 대한 짧은 생각들을 <바람개비>에 담아 갈 수 없는 먼 나라, 그들에게 보낸다.

시간은 나에게 또 오고 흘러갈 것이다. 시간은 내게 아픔을 준 것처럼 치유도 해 주었다. 시간이 지나면서 상처도 아픈 기억들도 많이 희석되었다. 이제는 시간 속에서 보이는 것뿐만 아니라 숨어 있는 것들도 살펴보면서 내 생과 글에 새순이 돋도록 한발 한발 정진할 것이다.

2024년 5월 바람 부는 어느 날  虛雲 **이현용**

| 축하의 글 | ## 인생의 고난을 견딘 몽돌 같은 시집!

　제가 이현용 시인의 신인상 수상작을 심사했기 때문에 저와 이 시인과는 그야말로 문학적 부자지간이라고 해도 과언이 아닐 것입니다. 그 세월이 어느덧 10년인데, 벌써 세 번째 시집이라면 왕성한 시작(詩作) 활동을 해왔다고 상찬할 만합니다.
　그런데 앞의 <시인의 말>에서 보듯이 이현용 시인은 가족의 불운으로 가시나무새가 울음을 토하듯, 또한 깊은 밤에 먼산에서 우는 두견새처럼 인생의 아픔과 고통을 시로써 승화하여 독자에게 공감과 감동을 주는 시들을 빚어왔습니다.

　벌써 20여년 전의 일입니다만 저는 초등학교동창회의 총무로서 동창들과 함께 남해의 땅끝마을 해변에서 파도에 휩쓸려 만들어진 수많은 몽돌을 본 적이 있습니다. 바닷가에 포말되는 파도에 얼마나 오랫동안 부대꼈기에 그런 예쁜 몽돌이 되었을까요?
　바로 이현용 시인의 <바람개비> 시집에 담은 시작품들은 이처럼 인생의 아픔과 고통의 운명을 견딘 몽돌같은 시작품들인 것입니다. 이에 저는 눈물로 읽고 진주같은 독후감을 마음에 갈무리하며, 이현용 시인의 세 번째 시집 <바람개비>의 출간을 축하드리는 바입니다.

　　　　　　　한국문인협회 수석 부이사장 이은집(<문예빛단> 주간)

바람개비                    | 차 례 |

| **시인의 말** | 시집을 엮으며!
| **축하의 글** | 인생의 고난을 견딘 몽돌 같은 시집!

# 제1부 그 별이 뜬다

| 고목나무 | 14 |
| 봄비 내리는 밤에 | 15 |
| 단풍나무 | 16 |
| 그대 머물던 곳에 | 17 |
| 태조산 공원에는 | 18 |
| 봄비 내리는 날 | 19 |
| 낮달맞이꽃이 핀다 | 20 |
| 산비둘기 연가 | 21 |
| 그곳에 가다 | 22 |
| 달밤에 | 23 |
| 섬진강의 가을 | 24 |
| 그 바닷가에서 | 25 |
| 가을비는 내리고 | 26 |
| 겨울이 머무는 아침 | 27 |
| 메타쉐콰이어의 하루 | 28 |
| 강마을의 봄 | 29 |
| 태조산 산책길 | 30 |
| 가을밤에 | 31 |

## 바람개비

| | |
|---|---|
| 그 후 | 32 |
| 섬진강의 추억 | 33 |
| 어떤 이별 | 34 |
| 봄비가 내린다 | 35 |
| 해변의 밤 | 36 |
| 강가에서 | 37 |
| 저녁의 일상 | 38 |
| 태조산 공원 | 39 |
| 해거름의 반룡교 | 40 |
| 자귀나무의 봄날 | 41 |
| 그날의 카페에는 | 42 |
| 겨울 안개비 오는 날 | 43 |
| 섬진강의 봄 | 44 |
| 그리움 | 45 |
| 가을의 공원에는 | 46 |
| 청둥오리의 비애悲哀 | 47 |
| 놀이터에는 | 48 |
| 가을에 떠난 사랑 | 49 |
| 가을, 여우비 내리는 | 50 |
| 저녁, 눈이 내린다 | 51 |

| 차 례 |

섬진강에 내리는 봄비는 …………………… 52
산비둘기 울음에 젖다 ……………………… 53
겨울에 뜨는 달은 …………………………… 54
가외반로의 아침 …………………………… 55
산 자와 영혼의 만남, 파마디하나Famadihana 56
밤비가 내린다 ……………………………… 58
봄비 내리는 신정호 ………………………… 59
섬진강은 알까 ……………………………… 60
나무가 우는 밤 ……………………………… 61
집을 나서다 ………………………………… 62
바람개비 ……………………………………… 63

## 제2부 하루가 또 가고

모진 인연 …………………………………… 66
갓물질 ………………………………………… 67
구름의 일생―生 …………………………… 68
전봇대 사랑 ………………………………… 69
산다는 것이 ………………………………… 70
꿈이 아프다 ………………………………… 72

## 바람개비

봄볕 내린다 ················ 73
늙는다는 것은 ················ 74
여름이 간다 ················ 75
가을바람 ················ 76
맥문동麥門冬 ················ 77
눈이 내린다 ················ 78
아파트 편한 세상 ················ 79
봄이 옵니다 ················ 80
동반자 ················ 81
장맛비가 쏟아진다 ················ 82
눈 오는 날의 단상斷想 ················ 84
달빛 내리는 밤에 ················ 85
사진 전시회寫眞 展示會에서 ················ 86
봄이 오는 길목에서 ················ 87
세월을 만났다 ················ 88
그날이 간다 ················ 89
배웅하고 오는 길에 ················ 90
가을비 ················ 91
세월무정歲月無情 ················ 92
안개 속을 걷다 ················ 94
산 자가 죄인은 아니다 ················ 96

| 차 례 |

첫눈 오는 날에 ········· 97
가을이 저문다 ········· 98
대학로大學路 ········· 99
봄의 애상哀想 ········· 100
하루가 또 가고 ········· 101

# 제3부 나의 고향 천태리

고향에는 ········· 104
고향풍경 ········· 106
고향에 내리는 눈은 ········· 108
김씨의 가을 ········· 109
감나무의 비가悲歌 ········· 110
아버지 -기일忌日에 부쳐 ········· 111
옥수수밭에서 ········· 112
부재不在 ········· 114
어머니의 화단花壇 ········· 115
중앙시장 모퉁이에서 ········· 116
나의 고향 천태리 ········· 118
작품해설 : 영원한 순애보적 형상화 ········· 121

# 제1부

## 그 별이 뜬다

고목나무 / 봄비 내리는 밤에 / 단풍나무
그대 머물던 곳에 / 태조산 공원에는 / 봄비 내리는 날
낮달맞이꽃이 핀다 / 산비둘기 연가
그곳에 가다 / 달밤에 / 섬진강의 가을 / 그 바닷가에서
가을비는 내리고 / 겨울이 머무는 아침
메타쉐콰이어의 하루 / 강마을의 봄
태조산 산책길 / 가을밤에 / 그 후 / 섬진강의 추억
어떤 이별 / 봄비가 내린다 / 해변의 밤 / 강가에서
저녁의 일상 / 태조산 공원 / 해거름의 반룡교
자귀나무의 봄날 / 그날의 카페에는
겨울 안개비 오는 날 / 섬진강의 봄 / 그리움
가을의 공원에는 / 청둥오리의 비애悲哀
놀이터에는 / 가을에 떠난 사랑
가을, 여우비 내리는 / 저녁, 눈이 내린다
섬진강에 내리는 봄비는 / 산비둘기 울음에 젖다
겨울에 뜨는 달은 / 가외반로의 아침
산 자와 영혼의 만남, 파마디하나Famadihana
밤비가 내린다 / 봄비 내리는 신정호 / 섬진강은 알까
나무가 우는 밤 / 집을 나서다 / 바람개비

# 고목나무

**출입이** 통제된 겨울 산에
검은 그림자가 서 있다

허물을 덮어 주며 그늘이 되어 주던
잎사귀도 열매도 떠난 뒤
북풍처럼 에이는 그리움에
빈 가슴 가지마다 이슬이 맺히고

곁을 준 사람들
걸어오던 길을 속절없이 바라본다

# 봄비 내리는 밤에

**모두** 떠나간 뒤
하늘이 조각조각 떨어져 내린다

겨울이 안타까운 듯 머뭇거리고
봄바람도 멈칫멈칫 거린다
그 긴 밤 함께했던 시간들

계절이 자연의 섭리라면
이별도 만남도 그러하거늘
붙잡고 놓지 못함은 왜일까
목련도 옹이도 움을 틔우는데

가만히 들리는 빗소리에
문뜩문뜩 떠오르는 추억이 저민다

# 단풍나무

**매서운** 바람이 불더니
단풍잎 하나 툭 떨어진다
청춘이 익기도 전에

언제나 함께 할 거라고 믿었건만
식어 가는 조막손을 놓을 수 없어
마디마디 진액을 흘리며

멈추지 않는 가슴앓이
정원에 홀로 남아
늙어 가는 단풍나무

# 그대 머물던 곳에

**까치가** 부르길래 나와 보니
버스가 정류장을 지나친다

오순도순 새봄을 거닐던 들꿩도
여름을 달리던 고라니와
기러기도 서산을 넘어 떠난 뒤
청둥오리 허둥대며 짝을 찾는 강물에
매달리는 버들가지 어쩔 수 없어
흐르지 못하는 섬진강

눈발이 날린다
빈 구름 떠돌던 강가
그대와 걷던 뚝방 길에 쌓인다

# 태조산* 공원에는

**바람이** 바람이 분다
산책길에 머뭇거리던 겨울을 데리고 간다

홀로 선 외로움 어떻게 견뎠을까
함께 걸으며 마주했던 진달래가
마디마디 맺힌 시간들을 피워내는 오후

공을 차는 이이 곁에
박수치는 엄마의 웃음소리
먼 하늘을 바라보는데

그걸 아는 듯
태조산 공원에 낮달이 뜬다

---

* 태조산(太祖山) : 충남 천안시에 위치한 해발 421m의 산으로 930년 고려 태조가 후백제 신검(神劍)과 대치할 때 이곳에 머물렀다하여 태조산이라 부르게 되었다. 원성천과 산방천의 발원지이며 중턱에 천년고찰 성불사(成佛寺)가 자리하고 있고 태조산 야영장과 공원이 개설되어 있다.

# 봄비 내리는 날

**설움이** 넘치는 날엔
말이 없던 하늘도 운다

부엉이 지쳐 떠난 뒤
댓잎 서성이던 마당에
달빛마저 잠이 들면
빈 가슴 에이는 그리움에
겨울 그 긴 밤을 뒤척이다가
붉은 눈을 뜨는 영산홍

반겨주던 목소리 잊지를 못해
방울방울 눈물을 떨군다

# 낮달맞이꽃이 핀다

**추녀** 밑 조그만 화단에
낮달맞이꽃이 아프게 핀다

아침 저녁 살펴 주던
그대가 떠나간 뒤
홀로 남아 빈 뜰을 지키며
왼종일 잔바람에 출렁인다

뜨겁게 안아 주는 해를
분홍빛 얼굴로 바라보다가도
게으름을 피우거나 모자랄 때마다
두런거리면서 잡아 주던 그 손길

강 건너 뚝방길을 따라가는데
하얀 나비가 나풀나풀 날아온다

# 산비둘기 연가

**청보리** 익어가는 6월
기다림이 얼마나 서러우면
저리도 목 놓아 부를까

달빛 내리고 눈짓하는 밤마다
부르고 불러도 대답이 없길래
불쑥 찾아와 보니
산비둘기 우는 산중 비탈밭에
그림자만 덩그러니 엎드려 있고

나뭇잎은 돌아와 손을 흔드는데
애끓는 울음소리 가슴을 저미며
능선에 홀로 앉은 저녁해가 아프다

# 그곳에 가다

**섬** 사이로 석양이 내리고
갈매기가 고깃배를 반긴다

백사장에 새집 만들던 아이와
따개비 따던 아낙의 웃음소리가
썰물같이 빠져나간 바닷가

햇볕 드나드는 솔밭길로
희미해진 발자욱을 따라가면
바람이 앉아 있는 갯바위 낚시터를
파도가 찾아와 다독여 준다

뉘 있어 다시 올까
그리움만 노을처럼 번진다

# 달밤에

**네가** 오던 골목을 한참 바라보았다
꽃들도 비바람을 맞으며 피는데
너무 채근했나 보다

흔들리고 넘어질 때
부목副木이 되어 주고
아무것도 아니라는 듯
묵묵히 손을 잡아 주면 될 것을

곁에 있어 주는 것이 사랑일진대
그냥 바라보며 기다려 주지 못한
아픈 기억만 떠오르는 더딘 밤

적막이 반겨 주는 거실로
달빛만 환장하게 찾아든다

# 섬진강의 가을

**소쩍새** 애끓는 소리 잦아질수록
강기슭 마을의 가을도 익어간다

순이 할매 기다리던 채송화는
울 밑에서 개풀어지고

이장 부부 깨 터는 마당가에
홍조 띤 코스모스가 고추잠자리를 부르면

허수아비 곁을 떠나는 참새를
전봇대가 강가에서 하염없이 바라본다

두루미 쌍으로 나는 섬진강엔
가을 햇살이 깊어지는데

추억이 흘러간 강물을 따라서
구름 한 조각 흔적 찾아 떠돈다

# 그 바닷가에서

**수상스키** 물결 가르는 바닷가에
갯바위가 하염없이 수평선을 바라본다

유치한 잡기놀이에 하루가 저물면
모닥불 피우곤 무릎 베고 누워
도란도란 별을 헤던 시간들

파도가 지워 놓은 발자국을
하나하나 헤집는 저녁나절
갈매기 노랫가락 서럽게 퍼지고

배를 기다리는 등대와
파도소리가 그리움을 들춘다

# 가을비는 내리고

**가을비가** 옵니다
그리움을 데리고 장대같이 뿌립니다

시들어가던 국화도 코스모스도
단비인 양 반기는 오후
그대 뛰어오던 골목길에
쏟아지는 빗줄기를 마냥봅니다

어쩌라는 것인지
늦가뭄에 애가 타는 밭이나 적시면서
조용히 내리면 될 것을
묻어둔 것들을 헤집어 놓는가

창에 흐르는 빗물 따라
산은 점점 흐릿해 지고
오늘 하루도 그렇게 갑니다

# 겨울이 머무는 아침

**부엉이** 울음 그치지 않아
겨울이 먼 산에서 서슴거린다

대 그림자 지는 밤이나
별이 떠나가는 시간에도
서럽게 앉아 있으니

봄볕은 안개 뒤로 피하고
맺힌 설움 풀어내던 섬진강이
바위 곁에 머무는 아침

그대 손길 기다리던
동백꽃이 아프게 핀다

# 메타쉐콰이어의 하루

**늦가을** 해걸음에
모퉁이만 바라보며 서 있다

뙤약볕에 쉬어가던 웃음소리
도란도란 연인들의 발소리도 끊어진
아무도 없는 길가에서
온몸을 휘감아 도는 외로움과
냉골같은 빈 가슴으로
흔들리면서도 하염없이 버텼건만
떠나간 사람은 오지를 않고
삭풍 이는 맑은 날
가지마다 서리는 아픔

저녁나절 장승처럼 기다리다
애타는 설움을 붉게 떨군다

# 강마을의 봄

**먼** 산 잔설殘雪이 남아 앙탈 부리는
겨울을 달래면서 봄볕 내리면

바위 곁에 푸념하던 강물이
강태공 다시 올까 가슴을 열고

쑥이랑 달래 씀바귀 돋아나며
원앙이 찾아드는 강마을

나물 캐던 아낙은 어디로 갔는지
냉이 꽃 노랗게 핀다

# 태조산* 산책길

**함께하던** 의자에 앉아 있는데
봄볕이 어깨를 토닥여 준다

무릎베개 머금은 눈동자
바람이 들추는 추억을 따라가니
정자亭子만 덩그러니 남아있고

도란도란 발 담그던 계곡물이
그대 얼굴 데려간 뒤
가랑잎만 두런거리는 산책길

홀로 찾은 태조산太祖山 공원
다람쥐의 합장合掌이 서글프다

---

* 태조산(太祖山) : 충남 천안시에 위치한 해발 421m의 산으로 930년 고려 태조가 후백제 신검(神劍)과 대치할 때 이곳에 머물렀다하여 태조산이라 부르게 되었다. 원성천과 산방천의 발원지이며 중턱에 천년고찰 성불사(成佛寺)가 자리하고 있고 태조산 야영장과 공원이 개설되어 있다.

# 가을밤에


**밀어낸** 여름에게 미안한 듯
쓰르라미 소곤소곤 변명하는 밤
초가을 한기寒氣에 부친 장미를
그림자가 묵묵히 잡아주는 뜰엔
무심한 달빛만 내리고
떨쳐 버리려고 몇 번을 다짐하지만
지키지 못한 회한悔恨으로 가슴 저미는
노란가방 어리는 모습에
오늘도 불을 끄지 못한다

# 그 후


**새소리** 들리는 아침
불현듯 떠오르는 그대

하루에도 열두 번씩 도리질 하지만
언제나 맴도는 그 자리

마음을 추스르려 천안천을* 걷다가
무심코 내민 손엔 찬바람만 스칠 뿐

개나리 배시시 봄은 왔으나
여전히 남아 있는 겨울

---

\* 천안천 : 천안시 안서동 문안저수지에서 발원하여 시내를 가로질러 아산시 배방읍에서 곡교천과 합류하는 하천으로 복원사업을 통하여 산책로와 체육시설, 분수대 등을 갖추고 있다.

# 섬진강의 추억

**햇살이** 좋아서 아픈 날
왜가리 쌍으로 난다

다슬기 잡던 여름밤
웃음을 낚아내던 낚시터
피라미떼 달아나던 어도魚道

살가운 목소리 퍼지던 강가에
물결마다 낱말들이 출렁이는데
먼 산 비둘기 서럽게 우니
후회도 원망도 그리움에 묻히고

무심히 흐르는 섬진강 위로
그림자 하나 흔들린다

# 어떤 이별

**불현듯** 눈물이 난다
병원 앞을 지나는 길에

말없이 떠나는 너를 보면서
아무것도 할 수 없었다
그저 불러보는 것 밖에는

이런 날에는 함께 헤아리던
별이라도 뜨면 좋으련만
부슬부슬 비가 온다

우산이 되어 줄 이는 없고
흠뻑 젖으며 어이 갈까

가야할 그 길이 너무 멀다
갈꽃은 다 피지도 않았으니

# 봄비가 내린다

**겨울을** 보내는 게 저렇게 서러울까
하늘이 왼종일 눈물을 흘린다

다시 올 계절도 저럴진대
기약할 수 없는 이별은 어떠랴
세월이 약이라고 말을 하지만
봄이 온다고 겨울이 잊혀질까

새살이 돋아 상처가 아물듯이
새순을 틔우며 봄비가 내린다

# 해변의 밤

**파도도** 잠을 자는 밤
등대가 홀로 배를 기다린다

그대 목소리 들리는 바닷가
낱말들이 물결 따라 출렁이는데

백사장에 남아 있던 자취들을
썰물이 데리고 간 뒤

갯바위 우두커니 앉아 있는
해변엔 달빛만 내린다

# 강가에서

**여름을** 밀어내는
가을 햇살은 여전히 붉다

부지불식간에 떠오르는 얼굴
누군가가 그리워서 찾아 온 섬진강

그대와 거닐던 강가엔
긴긴 해에 지친
달맞이꽃이 물결에 흔들리고

서산에 걸친 해가
강물을 물끄러미 바라본다

# 저녁의 일상

**앞서거니** 뒤서거니 서산 넘어
함께 나는 기러기는 좋겠다

초인종을 언제 눌렀던가
일터에서 돌아온 저녁
얼굴에 뜬 노을을 달래 주는
냉기 가득한 거실에
시계 소리가 잊혀진 기억을 깨운다

뉘 있어 같이 갈까
그대 누웠던 소파로
달빛이 찾아와 앉는다

# 태조산 공원*

**불쑥불쑥** 젖어드는 그리움이 깊어
그대의 흔적을 더듬는 태조산 공원

아이들이 행운을 찾는 잔디밭에
늦은 햇살이 기웃거리면
평상에 펼쳤던 웃음소리 걷히고

하나 둘 떠나는 사람들을 둘러보다가
쓸쓸히 돌아서는 지친 해를
낮달이 마중하는 산마루 오솔길

그날을 기억하는 의자엔
그림자만 곁에 앉아 있다

---

* 태조산 공원 : 충남 천안시 동남구 유량동 태조산(해발 421m)에 조성된 공원

# 해거름의 반룡교*

**저물녘** 다리 난간에
왜가리가 덩그러니 앉아 있다

무슨 일이 있었을까
빈 하늘을 바라보곤
물끄러미 제 모습을 바라보다가
서러운 듯 섬진강을 선회旋回한다

이곳저곳 둘러보아도
물고기만 뛰어나와 반길 뿐
속절없는 구름은 강물을 따라가고
강가에 남아있는 흔적들

해거름의 반룡교엔
산 그림자 길게 드리운다

---

\* 반룡교 : 전라북도 성수면 용포리의 포동마을과 반룡마을을 연결하는 섬진강 상류에 위치한 교량으로 반룡교를 기점으로 상류 쪽으로 가면 풍혈냉천에 있고 하류쪽으로 내려가면 사선대가 있다.

# 자귀나무의 봄날

**버들강아지** 고개를 드는
봄기운이 가득 퍼지는 아침
따스한 햇살에 서러움을 달랩니다

벌과 나비 찾아들던 여름날
화려하게 꽃 피우던 시절
하늘은 너무나도 맑았습니다

한 여름 뙤약볕 갈증과
흔들어 대는 비바람도 견뎌왔으나
세월의 굴레를 어찌 피할 수 있겠습니까

지기 위해 피는 꽃이 어디 있으랴만
그해 8월 끝자락 홀연히 떠난 뒤
긴 겨울밤을 홀로 지새우며
공원가에 하염없이 서 있었습니다

벚나무가 활짝 웃으면서
사람들을 반기는 모습에
자귀나무의 눈가가 촉촉해지는 봄날입니다

# 그날의 카페에는

**삼삼오오** 도란도란 카페에
음악소리가 이곳저곳 배회를 한다

커피 잔을 무심히 들다가
둘 곳 없어 창밖을 보니
햇살은 그림자를 남긴 채 사위어 가고
다 떠난 들판에는
먼 산을 바라보는 허수아비 뿐

손가락 선율과 목소리는 어디로 흩어졌는지
그날의 의자만 덩그러니 놓여 있다

# 겨울 안개비 오는 날

**겨울** 하늘이 언 땅에 입맞춤하며
서럽게 눈물을 흘린다

봄이 영원히 머무는 것도 아니니
또 찾아오면 되련만
잠시의 이별이 저리도 슬플까

순환循環이 자연의 섭리攝理라면
생로병사生老病死도 그러할진대
계절이 바뀌는 것처럼
우리도 다시 만날 수 있을까

그대를 아프게 보낸 뒤
얼음 한 조각을 품고 산다

# 섬진강의 봄

**쩌엉쩡** 속울음 울던 강이
설움으로 맺힌 가슴을 연다

고동* 잡던 아낙도
썰매 타던 아이도 떠난 뒤
생동감 넘치던 몸짓과
반짝이던 춤사위도 잊은 채
속절없는 그리움에 애를 태우며
흩어지는 흔적들을 갈무리하던 섬진강

봉오리 열어 주는 봄볕에
켜켜이 쌓였던 정한情恨을 풀어낸다

---

* 고동 : 다슬기의 충청지방 방언

# 그리움

**홀로** 선 하루의 끝자락
조각조각 이어지는 기억들

바람 불고 비가 오는 날이나
달이 뜨는 밤이면
한 올 한 올 풀어져 나오는 실타래처럼
가슴속 물결이 일며

빈 의자를 보거나 뒷모습을 보아도
불쑥불쑥 찾아들고
스치듯이 지나간 것까지
아픔으로 맺혀지는

다람쥐 쳇바퀴 돌 듯
잊혀지지 않는 생生의 굴레

# 가을의 공원에는

**껑충껑충** 앞서 가다가
엄마를 부르면서 멈추는 공원에
나무들이 햇살을 안아 준다

조잘조잘 물어보면
웃으며 대답하는 오후
잠자리 입맞춤에 아기사과는 붉히며
단풍잎은 반갑다고 손을 내민다

감나무 가지 잡고 폴짝폴짝 뛰길래
무등을 태워 주었더니 엄지를 치켜들곤
아빠처럼 크면은 업어 준다던 아이

홍시가 아프게 매달려 있는
이울어 가는 가을
벤치엔 그림자가 앉아 있다

# 청둥오리의 비애悲哀

**무슨** 사연 있었을까
청둥오리 한 마리가 물 위를 서성인다

추억은 물결 따라 흘러갔건만
떠나지 못하고 강가를 맴돌면서
돌아돌아 어디로 갔냐고
언제쯤 만날 수 있냐며
이곳저곳 찾아다니는데

무심한 듯 말이 없던 강은
수심에 찬 하늘을 안아 주곤
패이고 갈라진 바위를 어르다 간다

돌아갈 곳 어디엔가
물처럼 흘러가면 그뿐
그리움은 남은 자의 몫이니
홀로 감당할 수밖에는

# 놀이터에는

**햇살** 가득한 오후
의자엔 은행잎이 앉아 있다

밥투정 잠투정 보채다가
한 밤 자고 나가자는 말에
손가락 걸고 입맞춤하곤
재워 달라며 품에 안기고

친구들과 놀이에 빠져서
집에 가자고 부르면
흙장난에 범벅이 된 얼굴로
칭얼대며 뛰어오던 아이

노을이 내리는 놀이터에는
고추잠자리가 그네를 탄다

# 가을에 떠난 사랑

**잎이** 진다
가지 끝에 매달려 몸부림치다
버티지 못하고 떨어진다

상처는 아물겠지만
상흔傷痕도 치유治癒가 될까
단풍잎이 나무 곁을 떠난다

돌아서는 발걸음이 쉬우랴마는
보내는 눈빛은 또 어쩌랴
흩어지는 갈잎이 가슴을 찌른다

새순이 돋는 그날이 오면
우리 또 만날 수 있을까
오늘 밤도 하릴없이 어둠이 내린다

# 가을, 여우비 내리는

**뭉게구름** 떠나는 서러움에
나뭇잎도 붉은 눈물을 떨군다

흔들리며 휘어지다
넘어지고 일어나길 여러 번
웃다가 울다가
때론 숙제하듯 함께하며
하루하루 보냈던 흔적들이
가을 햇살 따라 사위어 가고

늦바람 이는 저녁나절
낮달 바라보는 해가 가슴을 울린다

# 저녁, 눈이 내린다

**겨울** 그 적막을 흔들며
함박눈이 내린다

순수한 눈빛으로 세상이 스며들면
잎 진 가지를 싸매 주고는
시름에 잠긴 뜰을 안아 주며 내린다

저녁, 눈이 내린다
그대의 손길처럼

# **섬**진강에 내리는 봄비는

**언** 강을 달래며
봄비가 토닥토닥 내린다

긴 겨울 홀로 견딘 버드나무
서러움에 눈물을 흘리고
함께 지새우던 강태공이 떠난 뒤
닫았던 가슴을 연 강이
서성이던 산을 안아 주면
피라미떼 찾아와 춤을 추는데

하염없이 물결만 응시하는
한 마리의 백로를 보면서
상념想念에 젖어드는 전봇대 곁에
철없는 씀바귀는 만세를 부르고
눈치 보며 고개를 내미는 냉이

섬진강에 내리는 봄비는
묻어둔 추억을 틔우며 내린다

# 산비둘기 울음에 젖다

**몇** 번이나 눈이 내렸는데
바람이 발자욱을 들추어 놓는다

부질없는 짓인 줄 알면서도
자꾸만 찾아오게 되고
발길을 돌리지 못하는
그 까닭은 무엇일까
산비둘기 울음에 가슴이 에인다

부르고 불러도 대답 않는 그대
원망怨望도 자책도 그리움이 앞선다

# 겨울에 뜨는 달은

**저** 하늘 홀로 뜬 저 달은
긴 겨울 얼마나 힘이들까

쌓이는 그리움으로 찾아왔으나
흔적조차 보이질 않으니
이곳저곳을 둘러보아도
별들만 곁에서 위로할 뿐
겨울밤 차갑게 스미는 외로움에
가슴은 하얗게 부서져 내리고

홀연히 떠난 해를 못 잊어
이 골목 저 골목 하염없이 떠돈다

# 가외반로의* 아침

**뜬** 눈으로 부스스하게 일어나니
새소리 물소리 닭소리가 들립니다

베란다 앞 화단에는
라벤다가 홀로 피어 있고

잔디밭에 물까치가 날아와
커피를 마시며 한참을 보다가

그리운 사람이 보고파서
이곳저곳 둘러보아도 빈 들 뿐

달맞이꽃 어깨에
하얀 나비가 살며시 앉습니다

---

* 가외반로 : 전북 진안군 성수면 용포리의 반룡마을에 위치한 소롯길

# 산 자와 영혼의 만남,
## 파마디하나Famadihana*

**즐거운** 얼굴과 슬픈 몸짓으로
어우렁더우렁 춤사위를 펼친다

새옷을 입혀 주는 날
행복한 모습을 보이려는 여인은
누가 될까 남몰래 눈가를 훔친다

좋아하던 음식은 식어가고
한 숟갈 한 젓갈이라도
먹여 줄 수만 있다면
여한이 있으랴마는
조그만 몸을 꼭 안아 준다

죽은 자 안에 산 자의 심장이 뛴다
웃음이 방울방울 떨어지는
자국이 남을세라 하얀 천 위에
또 다시 만남을 기약하며

한 자 한 자 떨면서 새기는 파마디하나Famadihana

마주하는 눈빛으로 스미는 그리움에
가슴 깊이 묻어 두었던
잊지 못할 그 이름을 부른다 그대여

---

* 파마디하나(Famadihana) : 마다가스카르 말라가시족의 장례문화로 조상들의 시신을 무덤에서 꺼내어 신선한 헝겊으로 다시 싸고 그들의 이름을 천에 다시 써서 항상 기억되도록 하는 의식이다. 보통 7년에 한 번 꼴로 행하며 죽음을 삶의 연장으로 보고 슬픔을 억제하기 보다는 삶과 죽음, 기쁨과 슬픔이 공존한다는 사실을 되새기게 하는 의식으로 TV프로그램 "태어난 김에 세계일주 3"에서 방영되었다.

# 밤비가 내린다

**느린** 밤 비가 온다
묻혀진 추억을 헤집으며 내린다

그 시절로 돌아갈 수 있다면
가슴에 맴돌던 말을 할 텐데
고맙다고 그리고 사랑한다고
한 가닥 한 가닥 쏟아지는 기억들

밤비가 내린다
뜰에 선 나무를 다독이며 내린다

# 봄비 내리는 신정호*

**비가** 온다
호수에 파문을 던지며 내린다

터벅터벅 비를 맞으면서 홀로 걷는
그대와 함께 하던 산책길
철모르는 냉이는 웃으며 반기는데
그날을 잊지 못해
벤치는 서러움에 젖어들고
눈길을 기다리다 눈치보는 영산홍을
어루만지며 쓰다듬는 바람 따라
당신의 목소리가 귓가를 스친다

봄비가 내리는 신정호엔
방울방울 그리움이 번진다

---

\* 신정호 : 충남 아산시 방축동에 위치한 인공호수로 27만 평인 인공호수로 일제강점기인 1926년에 만들어졌으며 1984년에 국민관광단지로 지정되었다. 야외음악당, 잔디광장, 음악분수공원, 조각공원이 있으며, 특히 생태공원은 소나무, 철쭉, 영산홍 등이 식재된 야생화원으로 산책길이 잘 조성되어 있다.

# 섬진강은 알까

**이별의** 서러움에 겨울을 붙잡는 섬진강을
봄볕이 어루만져 품어 준다

온다 간다 말도 없이
강태공 떠난 뒤에
닫았던 가슴을 여니
밤이면 달이 찾아와 주며
낮에는 윤슬이* 축하해 주는데

그대와 속삭이던 바위턱엔
왜가리만 외롭게 서 있고
아침 저녁 거닐던 강가에는
청둥오리가 흔적 찾아 서성인다

버드나무 새순 돋는 이 봄
뉘 있어 다시 올까
무심히 흐르던 강물도 울컥인다

---

* 윤슬 : 달빛이나 햇빛이 비치어 반짝이는 잔물결

# 나무가 우는 밤

**까치가** 떠난 뒤
나무들이 서럽게 운다

그렇게 어려웠을까
그냥 곁에 있어 줄 것을
잠깐 흔들렸을 뿐인데
바라보던 꽃잎이 지고
행幸과 불행不幸이 공존共存하는
시간의 이중성二重星을
간과看過한 대가가 아프다

그림자 뜰에 어리는 밤
그 별 하나를 찾아본다

# 집을 나서다

**문득문득** 떠오르는 생각에
무작정 나선 길
개나리 영산홍 어우러진 공원에는
벌과 나비가 찾아들고
봄볕 따스하게 내리는데
누군가 부르길래 돌아보니
그림자만 외롭게 따라온다

# 바람개비

**꿀벌을** 반기며 붉히는 코스모스를
마냥 바라보며 서 있다

고추잠자리 쫓아다니며 뜀박질하던 꼬마도
그늘 밑 잔디밭에 앉아서
이런저런 이야기꽃을 피우던
여인의 모습도 보이질 않고

구름이 흩어졌다 모이는 하늘에
기러기 쌍으로 나니
쓰러질 때마다 잡아 주던 손길과
그 눈빛 잊지 못하는 바람개비

행여 올세라 떠날 수 없어
길가에서 홀로 맴돈다

# 제2부

## 하루가 또 가고

모진 인연/ 갓물질 / 구름의 일생一生
전봇대 사랑/ 산다는 것이 / 꿈이 아프다
봄볕 내린다 / 늙는다는 것은
여름이 간다 / 가을바람 / 맥문동麥門冬
눈이 내린다 / 아파트 편한 세상
봄이 옵니다 / 동반자
장맛비가 쏟아진다 / 눈 오는 날의 단상斷想
달빛 내리는 밤에 / 사진 전시회寫眞 展示會에서
봄이 오는 길목에서 / 세월을 만났다
그날이 간다 / 배웅하고 오는 길에
가을비 / 세월무정歲月無情 / 안개 속을 걷다
산 자가 죄인은 아니다 / 첫눈 오는 날에
가을이 저문다 / 대학로大學路 / 봄의 애상哀想
하루가 또 가고

# 모진 인연

**가지** 끝에 매달리는 나뭇잎을
나무는 덤덤하게 바라본다

가까이 있다고 가까워지는 것이 아니며
멀리 있다고 멀어지는 것도 아닐진대

버티다가 밀려나고 또 합치는 구름들
자꾸만 불안해지는 것은 왜일까
놓으면 그만인 것을

낙엽이 둥치로 모여드는
늦가을 바람이 매섭다

# 갓물질*

**테왁에*** 의지한 채
늘어가는 양식장을 헤아린다

떠오르는 몸을 억누르며
밑바닥 구석구석을 찾아보지만
보이는 것은 멍게와 홍합뿐

크고 작은 바람과 풍랑 속에서
평생을 지켜온 터전
바다를 탓한들 무엇하랴
회한悔恨만 남으니

납덩이 하나 안고
숨비소리로* 하루를 달랜다

---

*갓물질 : 해녀(海女)들이 바닷가에서 잠수 작업하는 것
*테왁 : 해녀(海女)들이 물질할 때 가슴에 받쳐 몸이 뜨게하는 공 모양의 기구
*숨비소리 : 잠수하던 해녀(海女)가 바다 위에 떠올라 참던 숨을 휘파람같이 내쉬는 소리

# 구름의 일생一生

**빨강** 하양 검정
하늘 길을 걷는다

한바탕 눈물을 쏟기도 하고
햇살 가득 맑게 웃다가
검은 늪에 빠지기도 하며
태풍 이는 소용돌이에 휘둘리면서도
주어진 길을 벗어나지 못하곤
제각각 모습으로 살아간다
일어서고 또 무너지면서
오늘을 놓을 수 없기에

갈라놓는 바람을 탓할 만도 하련만
다시 만날 꿈을 꾸며 산다

# 전봇대 사랑

**개나리** 활짝 핀 길가
벌과 나비 반겨 주는 꽃을
전봇대가 무심히 바라본다

주변을 맴돌던 그 세월들
말도 못 붙이고 기다렸건만
잠시 드는 봄볕에 웃는다

행여 멀어질까 두려워
가까이 갈 수도 없었고
손 한 번 잡지 못했는데

떨어지는 꽃잎이
남아 있는 가슴을 찌른다

# 산다는 것이

**부르거나** 불러줄 이가 없어서
구박하는 사람도 없으며
타박할 것도 없으니 좋습니다

단지 힘든 것은
그리움이 앞선다는 것과
쓸쓸함이 함께한다는 것입니다만
그때마다 하늘도 보고 산도 봅니다

산다는 게 그런 것 아닌가요
언제나 즐거운 것도 아니고
행복과 사랑이 가득하면 얼마나 좋을까마는
슬픔도 아픔도 인생일지니
체념하고 위로하며 삽니다

딱히 나무랄 것은 없습니다
혼자라는 것을 빼고는

안 되는 줄 알면서도
이따금은 다른 생각도 해 봅니다
불현듯 사무칠 때면

어찌할 수 없는 시간이 지난 뒤
행여나 만날 수 있을까
별 하나를 보다가 불을 끕니다

# 꿈이 아프다

**어쩌다** 잠이 든 날
발자국 따라가다 추억의 끝자락에서
말없이 바라보곤 돌아서는 그대
부르고 또 부르는 소리에
산도 설친 듯 붉은 눈을 뜬다

구분할 수 없는 모호한 경계
몸이 굳어지고 신열身熱이 오르며
그리움인지 욕망일지 모를
숨어있던 여름이 일어서는 아픔
또 하루가 시작되나 보다
깊어가는 이 가을은 어쩌란 말인가

움직이지 않는 것은 없다는데
닻이 내려지는 것은 왜일까
내일로 가는 길목
하나 둘 차분히 비워보지만
창밖 새소리가 마음을 흔든다

# 봄볕 내린다

**여기저기** 들려오는 봄 소리에
놀란 산수유 눈을 뜨면
목련이 희망에 부푼다

뉘를 기다리나 떠나지 못하며
겨울바람이 먼 발치를 서성이는 오후

홀연히 젖어드는
그해 겨울 부엉이도 지쳐 떠난 밤
적막감에 설치던 시간들

늦게 찾아온 햇살을 원망하는지
토라진 듯 시큰둥한 자귀나무를
봄볕이 가만히 보듬어 준다

참으로 맑은 하늘
마음이 산란해지는 것은 왜일까
개나리 활짝 웃는 봄날에

# 늙는다는 것은

**또렷하던** 길들이 점점 흐릿해지고
영화음악이 먹먹해지는 것은 왜일까

거친 바람과 역동적이던 홍수가 무섭다
마음만 있을 뿐 나날이 굼떠지며
수시로 찾아드는 서운함과 노여움이
나이 탓인가 하니 서글퍼진다

사라진다는 것을 느낄 때마다
벌써란 단어가 떠오른다
앞자리를 내어주어야 할 때면
불현듯 내가라는 말이 앞서는데
놓아야 된다는 것을 알면서도
비우는 것이 망설여진다

지지 않는 꽃이 어디 있으랴마는
머뭇거려지는 사랑과
열정이 쑥스러운 것을 어쩌랴

늙는다는 것은 청춘이 여무는 것이리니
가만히 앉아서 안경을 닦는다

# 여름이 간다

**왕매미** 소리가 서글프다
아니라고 도리질해 보지만
풀벌레 소리를 어찌 막으랴

비바람과 타는 목마름
허허벌판에서 그렇게도 뛰어 다녔던
우리의 여름은 가고

훤하던 하늘에 구름이 피어나며
촉촉했던 땅은 푸석푸석 거칠어지니
이 가을 알곡은 얼마나 될까

한낮은 너무나 짧았다
아직도 열기가 남아 있는데
노을이 서산에 뜬다

# 가을바람

**한낮을** 지난 해가
석양으로 가는 길
붉은빛 바람이 분다

가지 끝을 스칠 때는
지나가는 것이려니 했는데
속절없이 온 산을 물들인다

언제부터 였을까 이 설레임은
아니라고 부정을 해 보지만
잔상殘像이 남는 것은 왜일까

# 맥문동麥門冬*

**인고**忍苦의 세월을 어떻게 견뎠을까
옮기지도 거부할 수도 없는 굴레

음지를 지향指向하고자 했으랴마는
태생胎生을 탓하며 좌절하거나
제 모습을 잃지 않고
매서운 추위와 서러움에
축 늘어졌다가도 한줌 햇살에 일어서곤
평생을 그늘에 살면서
힘겹게 버텨온 시간들

척박瘠薄한 곳에서도 향기를 피워내니
벌과 나비 찾아든다

---

*맥문동 : 백합과에 속한 여러해살이풀로 30~50센티미터 정도로 자라며, 5~6월경에 연보랏빛 꽃이 핀다. 뿌리는 짧고 굵으며, 잎은 짙은 녹색이고 뿌리에서 뭉쳐난다. 그늘에서도 잘 자라고 전국 각지에 고루 분포되어 있으며, 어린잎과 줄기는 식용으로 쓰이고, 뿌리는 약재로도 쓰인다.

# 눈이 내린다

**이렇게** 추운 날엔
따뜻한 커피가 생각난다

창가에 정겹게 앉아
어제와 내일일랑 묻어 놓고서
아침부터 밤까지 오늘만 얘기하며
사람 냄새나는 사람과 함께하고 싶다

부족하면 어떠리 궁窮하지 않으면 그뿐
편하게 찾을 수 있고
달콤한 음악이 울리는
즐겁게 머무를 곳이 있다면
그 또한 행복인 것을

함박눈이 내린다
아쉬운 기억을 덮으며 내린다

# 아파트 편한 세상

**새소리** 물소리 바람소리
산은 점점 멀어져 간다

산허리 뚝 잘라내어
편한세상* 만들어 놨건만
박새도 솔새도 모두 떠나고

길섶에 흐드러지던 개망초
도토리 알밤 줍던 다람쥐
마중하던 달맞이꽃 어디로 갔는지
검은 길엔 민들레 홀씨만 뒹굴 뿐

담쟁이 옹벽을 넘는
어울림은* 바랜 하늘에 묻히고
나무들이 아파트에 갇혀 있다

---

* 편한세상 : 건설사 DL이앤씨에서 분양하는 아파트 브랜드
* 어울림 : 금호건설에서 분양하는 아파트 브랜드

# 봄이 옵니다

**봄처녀** 치맛자락 여미는
봄바람을 데불고 봄이 옵니다

옹달샘 퐁퐁 솟아나고
맑은 물 졸졸 흐르는 계곡에
물오른 나뭇가지 고개를 드는
봄 봄이 옵니다

긴 밤 홀로 지샌 서러움을
포근히 감싸 주는 햇살에
목련이 봉오리를 여는 봄
봄 봄이 옵니다

등성이 구릉진 비탈밭
쟁기갈이 농부의 부드러운 손길로
씨앗을 뿌리는 봄봄
봄 봄이 옵니다

나물 캐는 순이의 손등에 내린 봄이
만수의 가슴에 불티처럼 날아와
들불로 번지는 봄이 봄이 옵니다

# 동반자

**스친** 적도 없는 얼굴
보이지 않는 끈으로 묶였나 보다

앞서거니 뒤서거니 때론 나란히
손잡고 걸으며 마주하곤

힘들고 아플 때마다
곁을 지키고 보듬어 주니

언젠가 따로 갈지라도
지금, 함께할 수 있어 행복하다

# 장맛비가 쏟아진다

**추적추적** 비가 내린다
가뭄을 탓하는 소리에
설움이 얼마나 깊으면 저리도 울까

시들던 나무들은 생기가 넘치나
텃밭의 상추들은 시름시름 앓으니
그 원망은 또 어쩌란 말인가

세상사 뜻대로 되지 않는다지만
이 길 저 길 중에 내 길을 찾아다녔으되
남은 것은 낡은 몸뚱아리뿐

허투루 산 적이 없는데도
지탱해 주던 기둥이 쓰러지고
받쳐주던 땅도 꺼진 뒤
텅 빈 공간에 남겨진 하늘

매 순간 최선이라고 믿었던 것이
최고가 아니었음을 늦게 깨우친 것일진대
의지할 곳 어드메냐
넋두리하면서 마냥 있을 수 있으랴

장맛비가 쏟아진다
가슴앓이 속울음 삼키며
참아왔던 응어리를 토해낸다

# 눈 오는 날의 단상斷想

**문득** 뒤돌아보니
발자욱이 지워지고 있다

모퉁이 쓰러졌던 자리와
검게 찍힌 자국 그리고 하얀 상처들
더러는 보이지 않지만
일부는 남아 있다

잊혀지지 않아서 가슴 아프고
잊혀지는 흔적이 서러운데
다시 돌아갈 수도 없거늘

눈발 날리는 흐릿한 길을 보며
한 발 또 한 발씩 걸음을 옮긴다

# 달빛 내리는 밤에

**더듬더듬** 골목길 벗어나니
환한 달이 눈부시다

구름 뒤로 숨어들면
언제 만나려나 기다려지는데

한 발 또 한 발자국 다가설수록
조금씩 조금씩 물러난다

흔드는 나무 사이로 언뜻언뜻 보일 때마다
안절부절 애태우며 먼발치를 서성이다가

어쩌지 못하고 돌아설 적에
물끄러미 바라보던 그 눈빛

흘러가는 사랑이야 막을 수 없다지만
흐르는 사랑은 또한 어쩌랴

보내야지 아니 잊어야지 하는데도
그대가 달빛 따라 켜켜이 쌓인다

# 사진 전시회 寫眞 展示會에서

**광활한** 자연 그 몽골
태초의 신비를 간직한 땅을
자동차 한 대가 가로지른다

굴레를 벗어나는 자유

누군가가 족쇄를 채운 적도
억압이나 협박을 한 것도 아닌데
넘지 못하고 테두리를 맴돈다

냇가로 강으로 바다로

일상에서의 탈출을 꿈꿔 보지만
얽혀 있는 인연이 걸리고
저당 잡힌 미래는 또 어쩌랴

긴 복도를 따라 나오니
햇살이 밝게 비춘다

# 봄이 오는 길목에서

**어떤** 사람은 꿈을 꾸며
누군가는 희망을 갖는
봄이 오는 길목에서
햇살 가득한 들녘을 바라본다

가을을 심는 농부와
저녁을 캐는 아낙의 웃음 띤 말소리에
새뜰엔 봄이 피어나고
부지불식간에 떠오르는 기억들은
가슴을 저미는 일상이다

만날 수 있는 헤어짐도 서러운데
기다릴 수 없는 이별은 어떠랴
사랑도 죽음도 외로움도 삶의 일부려니
내일로 가는 하루가 또 쌓인다

따뜻한 바람이 분다
겨울이 떠난 자리에 싹이 돋아난다

# 세월을 만났다

**세월을** 만났다
묻혔던 것들이 살아나고
시덥잖은 이야기에 웃음이 핀다
앞뒤도 없고 누군가 끼어들어도
불만이나 찡그리지 않는다
이따금 혼미해진 기억에 애를 태운다
한때는 함께 뒹굴었을 텐데
시간 속에 잊혀졌다 한들
서운해 하지도 토라짐도 없이
운동장이 뛰어오며
도서관이 불을 켜고
빵집이 문을 열면
만날 수 없는 사람들이 걸어온다
숙이 진이 명이 윤이
다음을 또 기약한다지만
교정을 지켜온 은행나무
나이테를 감당할 수 있을까
한낮을 지난 해가 서산에 걸친다

# 그날이 간다

**달이** 지는 새벽
어둠을 헤쳐 온 해가 뜬다

누군가에겐 즐거움이겠지만
다른 사람은 힘이 들고
어떤 이가 그렇게 기대했을 그날이

뭐라도 하려고 움직여 보는데
얽매인 굴레를 벗지 못하고
끈끈한 회한悔恨만 남긴 채
어제처럼 가는 하루

우수에 젖어드는 서쪽 하늘
별 하나 뜨는 저녁 무렵에
늦바람이 나무를 흔든다

# 배웅하고 오늘 길에

**침묵의** 시간이 흐른다
보내는 이는 서럽고
떠나는 사람은 아쉬움이 남는

문득문득 스치는 조각들
즐거웠던 기억보다
못했던 일들만 떠오르며
옹이로 가슴에 박힌다

삶이란 그런 것이라고
어쩔 수 없는 숙명이라고 위로해 보지만
떠나지 않는 먹먹함은 왜일까

어둠이 찹찹하게 내리는 밤
배웅하고 오는 길에
별 하나가 길잡이를 해 준다

# 가을비

**그렇게** 떠나가던 날
비가 왔다
뒷모습을 보면서
한참을 서 있는데
창문에서 눈물이 흘렀다
네 모습이 점점 흐려지는데도
기억은 더욱 또렷해지고
여전히 창가에 머물러 있다

# 세월무정 歲月無情

**믿어지지** 않는다
해가 뜨고 달이 지길 여러 번
어떻게 갔는지 모른다

하늘이 좁아졌다는 것과
뛰어놀던 곳이 추억에 묻히고
달빛과 햇볕이 달라졌지만
내 안의 나는 그대로인데
어느 날부터 달라진 호칭이 어색하다

이따금 친구들을 만나면
잠자던 시간이 숨을 쉬며
주저리주저리 꺼내는 옛 이야기 속에
잊혀졌던 일들이 살아나니
내 나이를 어찌 믿겠는가

농부로 사는 친구는 농부로
직장에 나가고 사업을 하면서 여전히
저마다의 시간을 이어왔으니
삶이 변한 것이라곤 없다
단지 내일이 궁금하지 않을 뿐

또 하나의 과거를 만든 채
나팔꽃은 꽃잎을 닫고
달맞이꽃 가슴을 여는
하루가 그렇게 저물어 간다

# 안개 속을 걷다

**안개** 자욱한 길을
휘적휘적 홀로 걷는다

어디 가느냐고 묻길래
물끄러미 쳐다보니

무엇하러 가느냐고 물어 오니까
딱히 할 말이 없다

누굴 만나러 가냔다
그리움만 남았는데

특별한 일이라도 있냐고
뭐가 있겠냐마는 그래도

뭣 때문이냐고 재촉해 온다
모르겠으니 그저 답답할 뿐

함께 가자는 말에
잠시 망설여진다

어디까지 갈꺼냐고
그 끝을 알 수 없으니

의무감인지 책임감인지
아니면 이유를 찾는지도 모를

걸음을 멈추고 바라보니
꽃들도 하루하루 흔들리며 핀다

# 산 자가 죄인은 아니다

**산** 자가 죄인은 아니다

답답할 만도 한데 원망도 없이
서랍 속에서 해맑게 웃는다

안타깝지 않은 것이 어디 있으랴
나쁜 기억도 오래 가는데
좋았던 기억들은 어떨까

생각한다고 자책한다고 달라질까
어쩌다 그런 일이 있었던 거다

과거로 돌아갈 수 없으니
기억은 기억대로 현실은 현실대로
그냥 사는 게다 그렇게

남은 것이 버려진 것이 아니듯
남아 있다는 것이 죄는 아니니까

# 첫눈 오는 날에

**종소리** 들리는 시계탑 아래
빨간 목도리의 검정 외투가 서성인다

한 뼘 겨울 해 떠난 뒤
가로등 수줍게 붉히는 행길가
전광판의 뉴스를 읽으며
눈 내리는 정류장을 한 번씩 바라보다
기다리는 사람이 오질 않는지
이따금 하늘을 응시하는 얼굴에
첫눈이 녹아 맺힌다
시계라도 멈추면 좋으련만

가다 서다 돌아서는 신사의
깊게 패인 발자국을
하이얀 눈이 가만히 덮어준다

# 가을이 저문다

**배추가** 여무는 텃밭에
고추잠자리 나는 한가한 오후
햇살 가득한 돌담 위
참새들이 날아와 앉았다
갈 곳이 없는지
이곳저곳을 뛰어다니고
무심한 듯 구름은 제 길을 가는데
마당가 목례하는 해바라기
얼굴을 붉히는 담쟁이와
하늘에 매달린 홍시 그리고
늦게 피어나는 장미
함께 하고픈 것들을 그냥 바라보는
가을은 그렇게 저물어 간다

# 대학로 大學路

**열정이** 붐비던 거리에
겨울이 왔다

눈이 흩어지는 창밖으로
두런거리는 발자국이 보이고

웃음꽃 피어나던 카페도
체온이 전해지는 벤치도 여전한데

그대 모습은
풍문으로 들린다

# 봄의 애상哀想

**바람이** 분다
속절없이 떨어지는 꽃잎에
하늘은 말이 없다

긴 겨울 에이는 외로움을 견디며
행여 들킬세라 갈무리했던 그리움으로
햇살에 못 이기는 척 가슴을 열었는데
봄볕의 따스함을 품기도 전
백목련이 지고 자목련이 떨어진다

지기 위해 피는 꽃이 어디 있으랴 마는
그렇다고 떨어지지 않는 꽃이 또 있으랴
창가를 맴돌던 나비가 날아가고
이 봄, 서러움이 여우비로 내린다

# 하루가 또 가고

**김영감의** 어깨를 토닥이는 낮달을
가을 해가 하염없이 바라본다

들판의 허수아비는
알곡을 지키지 못한 죄책감에
먼 하늘만 응시하고

내 탓이 아니라며
왼종일 움직여 보지만
지난날들을 지울 수 없기에
언제나 맴도는 그 자리

하루가 또 가고
바람이 휩쓸고 간 자리엔
발자국 하나씩 찍혀있다

## 제3부

## 나의 고향 천태리

고향에는 / 고향풍경 / 고향에 내리는 눈은

김씨의 가을 / 감나무의 비가悲歌

아버지-기일忌日에 부처 / 옥수수밭에서

부재不在 / 어머니의 화단花壇 / 중앙시장 모퉁이에서

나의 고향 천태리

# 고향에는

**무한천*** 휘돌아가는
나지막한 산자락 양지뜸

한 발 두 발짝 걸어가면
누렁이가 가난을 되새기던 마당에선
만수의 웃음소리
영희의 비명이 들리고

미루나무에 걸터앉은 달을
바둑이가 반갑게 마중 가던
모깃불 흩어지는 별밤
도란도란 풀어 놓은 시간들

징검돌이 건너는 앞개울
어머니가 애환哀歡을 헹구던 빨래터와
둠벙의 구름은 어디로 갔을까

추수를 기다리는 들녘엔
영감님의 지게도
새참 내던 광시댁도 익산댁도 보이질 않으니

느지막이 찾아온 고향에는
그날의 체온을 간직한 채
소나무만 술래를 반긴다

# 고향 풍경

**물장구** 소리 잊지를 못해
무한천을* 떠도는 뭉게구름

김 영감도 참새도 떠난 빈 들에는
허수아비 옷깃을 여미며

달빛 부서지던 신작로新作路로
햇살이 검게 내리고

코스모스 바람개비 날리던 길을
가드레일이 경계를 선다

누렁이 사색하던 마당가
굴뚝엔 냉기가 흐르는데

정화수井華水에 달이 뜨던 장독대엔
까치를 기다리는 홍시 하나

윷판에 춤사위 얼근하던 회관會館은
정적靜寂이 감돌 뿐

늦가을 찾아온 고향
풀벌레 울음소리만 애잔하게 흐른다

---

*무한천 : 시인의 고향인 충남 홍성군 장곡면 천태리 앞으로 흘러 예당저수지를
 거쳐 삽교천과 합류하여 서해 바다까지 이르는 하천으로 낚시로 유명하다.

# 고향에 내리는 눈은

**마을로** 찾아드는 달빛 따라
하얀 눈발이 날린다

텅 빈 들녘의 고요를 흔들면서
허수아비의 등을 토닥여 주곤
벼등걸의 빈 가슴을 채워 주며
광시댁이 내오던 새참 자리에 내리다가

삐비* 뽑고 연 날리던 뚝방을 넘어
개구쟁이 물놀이하던 냇물을 건너더니

아버지께서 타작하시던 마당을 지나
담장가 홍시를 쓰다듬고는
어머니의 장독대에 쌓인다

고향에 내리는 눈은
하나 둘 잊혀지던 추억들
그리움을 깨우며 내린다

---

*삐비: 띠의 어린싹인 뺄기의 충청, 전라지방의 방언

# 김씨의 가을

**닭들이** 재촉하는 새벽
해바라기가 맑은 얼굴로 목례를 한다

봄부터 가을까지
한파寒波와 장마 그리고 가뭄과 태풍
참으로 긴 시간이었다

삶이 순탄치 않은 것은
퇴보退步하지 말라는 경고라지만
가슴 조이며 넘겨왔던
순간 순간들은 원망조차도 사치였다

산들바람이 분다
들녘엔 햇살이 내리고
김씨의 입가엔 미소가 번진다

# 감나무의 비가悲歌

**신새벽** 빈 뜰 모퉁이에 서서
동구 밖을 하염없이 바라본다

비바람 몰아칠 때나
된서리 내릴 때에도
행여 떨어질세라 온 몸으로 버텨왔는데
꽃도 열매도 잎도 허망하게 떠나고

감꽃 꿰던 아이와
홍시 따던 할배
감을 줍던 아낙도 보이질 않으니
까치라도 왔으면 좋으련만

말라 가는 까치밥을 보며
감나무 가지 끝에 눈물이 맺힌다

# 아버지
### - 기일忌日에 부쳐


**햇살이** 한 뼘씩 물러나는 들녘
검불 타는 냄새가 정겹습니다

허수아비 팔 벌려 맞이하고
벼들이 목례하는 논에
노을이 내리면
갈개친* 논두렁 외길 인생
두렁콩 지고 오시던 아버지

어둑어둑 저무는 하루
당신의 모습이 달빛 타고 옵니다

---

*갈개 : 괴어 있는 물을 빠지게 하거나 경계를 짓기 위해 얕게 판 작은 도랑

# 옥수수밭에서

**허수아비의** 옷매무새를 매만지니
아버지의 냄새가 납니다

가난을 캐내던 양지항*
막장에* 젊음을 묻으시고

어린 시절 잘못을 할 때면
역성드시는 어머님께 역정逆情을 내시며

논으로 밭으로 탄광으로
고단한 삶을 묵묵히 견디시곤

이따금 용돈을 드릴 때마다
지으시던 그 표정이 선연鮮然한데

등성이 옥수수밭 가장자리
조그만 터를 잡으신 아버지

당신의 애환을 담아내던 소쿠리에
쌓이는 그리움이 넘칩니다

*막장 : 갱도의 끝으로 석탄이나 광물을 캐는 장소
*양지항 : 시인의 고향인 충남 홍성군 장곡면 천태리에 위치한 천태산 일원에서 일제강점기인 1933년 석탄을 발견한 이후 1995년 폐광될 때까지 무연탄을 채광하던 갱의 하나

# 부재 不在

**봄비** 맑게 내리는 오후
쌓이는 그리움에 찾아오니
산비둘기 울음소리만 가슴을 저민다

순이 엄마 냉이 캐던 손등에
봄이 한가롭게 내리며
종달새 높이 나는 등성이 비탈밭
청보리 춤추면서 익어 가면
꾀꼬리 노랫소리 메아리치던 고향

헛간에는 김영감을 기다리는
경운기의 애타는 설움이 붉게 마르고
낡은 지재가 곁을 지키고 있다

# 어머니의 화단花壇

**봄볕** 내리는 베란다에서
영산홍이 곱게 핀다

한 자락도 아쉬운 땅뙈기
돌담 아래 조그만 화단에
채송화 장미 봉숭아와
가지 상추 고추를 심으시곤

오뉴월 땡볕에 힘들어 할 때마다
물 한 바가지로 갈증을 달래 주며
칠월 장맛비에 잠길라치면
골을 내어 길을 터 주시던 어머니

아이가 부르는 소리에
밥은 먹고 다니냐며 차려 주시던
엄마의 목소리가 눈에 어린다

# 중앙시장 모퉁이에서

**작은** 재빼기* 시장통 모퉁이
안동마을 규수들이 앉아 있다

오이 가지 설익은 토마토와
머위 쑥갓 몇 다발 좌판에서
찾아든 길손에게 덤을 얹어 주곤
거친 손으로 마늘을 까신다

빈농貧農의 아내로 살아온 인생
땀으로 세수하시고 햇볕으로 화장하시며
끼니 걱정 서방 걱정 자식을 돌보면서도
들녘을 누비시던 궁말댁*

코트보다 몸뻬가* 편하다고 하시더니
친구들을 불러 모으시고
어쩌다 목소리라도 들을라치면
난 괜찮다며 전화세 걱정하시던 어머니

자식을 배웅할 때마다
반찬을 쥐여 주시던 손과 유모차 소리
돌아서시던 굽은 등이 가슴에 맺힌다

---

*작은 재빼기 : 천안시 중앙시장 골목길의 옛 지명으로 시골 할머니들이 난전(亂廛)을 펼치는 곳으로 큰 재빼기와 작은 재빼기가 있다.
*궁말 : 궁중(宮中)에서 땅을 거느린 마을이라 궁말 또는 궁마을이라 불린 대천읍 궁촌리의 옛 지명으로 현재는 보령시 대천4동으로 편입되었다.
*몸뻬 : 여자들이 일할 때 입는 몸뻬바지의 줄임말.

# 나의 고향 천태리*

**비봉산에** 해가 뜨고
태봉산에 달이 지는 광산촌
나의 고향 천태리

천태산 줄기 따라 이어진 광맥
막장에서 가난을 캐내던 예산탄광*
일봉항 연봉항 이항 양지항
버럭더미 칡꽃의 보랏빛 향기

독사풀 자운영이 어우러져 피어난 뒤
개구리 달밤에 개풀어지는
육굴 안터 야피 수렁배미
아버지의 아버지가 지켜온 땅

여름이면 참외 수박 오이 띄워 놓고
개구쟁이 미역을 감던
엄소보 외계보 황새알보 검은배보
무한천엔* 뭉게구름 한가히 자맥질하고

가을 햇살이 소나기처럼 내리면
행길가 코스모스 잠자리와 입맞춤하는
바람이 내달리는 들녘엔
참새떼와 어우러진 허수아비의 춤사위

황소가 여름을 되새김하는 겨울날
눈싸움에 썰매타기 해가는 줄 모르고
방패연 가오리연 꼬리연에
소원을 실어 보낸 뚝방길

철모르고 우르르 뛰어 다니며
냇가로 산으로 꿈을 좇던 동네
송산 바리미 양곡 돌래모퉁이 고라실까지
정겹지 않은 곳이 어디 있으랴

어머니의 훈김이 살아 있어
그리움이 먹물처럼 스며드는
내 생生이 시작된 나의 고향 천태리

이현용 시인의 고향마을 전경

---

* 천태리 : 시인의 고향으로 행정구역상 충남 홍성군 장곡면에 속하며 송산, 바리미, 양곡의 작은 부락으로 구성되었고 육굴, 안터, 야피 등으로 불리는 들이 있다.
* 예산탄광 : 충남 홍성군 장곡면 천태리에 위치한 천태산 일원에서 일제강점기인 1933년 석탄이 발견된 이후 1995년 폐광될 때까지 무연탄을 채광하던 광산으로 양지항 등의 많은 갱도가 있었다.
* 무한천 : 시인의 고향 앞을 지나 예당저수지로 흘러드는 하천으로 천태리지와 함께 낚시로 유명하며 농업용수를 공급하는 엄소보, 외계보, 황새알보, 검은배보 등의 보(洑)가 있다.

| 해설 | **영**원한 순애보적 형상화
　　　　- 허운 이현용 시집 『바람개비』

　　　　　　　김 송 배(시인. 한국문인협회 전 부이사장)

## 1. 불망(不忘)의 "그대"를 향한 순애보

　허운(虛雲) 이현용 시인이 등단 10년 만에 제3시집 『바람개비』를 상재한다. 그는 제2시집 『사는 이유』에서도 산 자와 죽은 자의 경계에서 연가(戀歌)를 불렀는데, 여기서도 불망의 화자 "그대"를 위한 순애보를 다시 부르고 있는 것이다.

　그는 이미 <시인의 말>에서 "너무나 큰 아픔이었다. 아내와 아들이 내 곁을 떠나간 뒤에 내 삶은 속절없이 허물어 졌다. 무슨 생각인들 안 했으랴만 사랑하는 딸과 시가 나의 버팀목이 되어 주었다. 사랑했던 사람들을 지키지 못한 자책으로 죄인처럼 살면서 대인기피증에 시달리기도 했다."는 그의 깊은 사무침에서 짐작할 수 있듯이 그에게서는 아내와 아들을 떠나보낸 아픔이 결국 그의 심혼(心魂)에 각인되어 작품으로 승화하는 모습을 이번 시집 전체의 흐름에서 간과(看過)하지 못한다.

　이현용 시인은 작품 「산 자와 영혼의 만남, 파마디 하나」 중에서 "마주하는 눈빛으로 스미는 그리움에/ 가슴 깊이 묻어 두었던/ 잊지 못할 그 이름을 부른다 그대여"라고 시적인 화자(話者) "그대"에게 불망의 언어로 "그리움"을 발현하고 있어서 "너무나 큰 아픔"이 이제는 그리움으로 작품의 중심 주제로 형상화하고 있는 것이다.

  시는 그 시인의 체험에 대한 산물(産物)이다. 이러한 체험은 그 시인이 삶을 통해서 획득한 희노애락(喜怒哀樂)의 정의(情誼)에 의해서 발현하는 시적인 모티프로써 작품의 주제로 정립하게 되는 시법(時法)의 특징으로써 이현용 시인은 애한(哀恨)에 대한 정감(情感)의 이미지를 작품에 투영하고 있어서 독자들의 공감을 흡인하고 있는 것이다.

어쩌다 잠이 든 날
발자국 따라가다 추억의 끝자락에서
말없이 바라보곤 돌아서는 그대
부르고 또 부르는 소리에
산도 설친 듯 붉은 눈을 뜬다

구분할 수 없는 모호한 경계
몸이 굳어지고 신열身熱이 오르며
그리움인지 욕망일지 모를
숨어있던 여름이 일어서는 아픔
또 하루가 시작되나 보다
깊어가는 이 가을은 어쩌란 말인가

움직이지 않는 것은 없다는데
닻이 내려지는 것은 왜일까
내일로 가는 길목
하나 둘 차분히 비워보지만

창밖 새소리가 마음을 흔든다
　　　　　　　　　　—「꿈이 아프다」전문

　이현용의 "그대"는 아무 말없이 돌아서는 꿈이 몹시 아프다. 이러한 현상은 추억의 끝자락에서이거나 "구분할 수 없는 모호한 경계"에서 "그리움인지 욕망일지 모"르는 잠이 든 날의 꿈속에서의 아픔이다. 그는 "이 가을은 어쩌란 말인가" 또는 "닻이 내려지는 것은 왜일까"라는 의문형 어법(語法)으로 하나의 몽환(夢幻)에서 그대와 아프게 조우(遭遇)하고 있는 것이다.
　다시 그는 "아침 저녁 살펴 주던/ 그대가 떠나간 뒤/ 홀로 남아 빈 뜰을 지키며/ 왼종일 잔바람에 출렁인다(「낮달맞이꽃이 핀다」중에서)"거나 "그대 목소리 들리는 바닷가/ 낱말들이 물결 따라 출렁이는데(「해변의 밤」중에서)"라는 어조로 그대와의 그리움을 추억으로 회상하고 있는 것이다.

부르거나 불러줄 이가 없어서
구박하는 사람도 없으며
타박할 것도 없으니 좋습니다

단지 힘든 것은
그리움이 앞선다는 것과
쓸쓸함이 함께한다는 것입니다만
그때마다 하늘도 보고 산도 봅니다

산다는 게 그런 것 아닌가요
언제나 즐거운 것도 아니고
행복과 사랑이 가득하면 얼마나 좋을까마는
슬픔도 아픔도 인생일지니
체념하고 위로하며 삽니다

— 「산다는 것이」 중에서

　이현용 시인은 이제 이 그리움에 대한 상흔(傷痕)을 원천적으로 이해하면서 수긍하게 된다. 이 수긍에는 체념과 기대의 두 가지 양상이 복합적으로 적시되는데, 둘째 연에서 "단지 힘든 것은/ 그리움이 앞선다는 것과/ 쓸쓸함이 함께한다는 것"이라는 현재의 심중에서 보는 바와 같이 그는 "산다는 게 그런 것 아닌가요"라고 자신을 안정시키고 있는 것이다.
　그러나 그는 "행복과 사랑이 가득하면 얼마나 좋을까마는/ 슬픔도 아픔도 인생일지니/ 체념하고 위로하며 삽니다"라는 어조로 자신을 체념하면서 위로하고 있는 것이다.
　그가 형상화하는 그리움은 다음과 같이 다채롭게 현현되고 있는 것이다.

— 뉘 있어 다시 올까/ 그리움만 노을처럼 번진다
　　　　　　　　　　　　　　(「그곳에 가다」 중에서)

— 먼 산 비둘기 서럽게 우니/ 후회도 원망도 그리움에 묻히고
　　　　　　　　　　　　　　(「섬진강의 추억」 중에서)

— 배를 기다리는 등대와/ 파도소리가 그리움을 들춘다
                              (「그 바닷가에서」 중에서)

— 그리운 사람이 보고파서/ 이곳저곳 둘러보아도 빈 들 뿐
                              (「가외반로의 아침」 중에서)

— 부르고 불러도 대답 않는 그대/ 원망怨望도 자책도 그리움이 앞선다               (「산비둘기 울음에 젖다」 중에서)

— 부지불식간에 떠오르는 얼굴/ 누군가가 그리워서 찾아 온 섬진강                    (「강가에서」 중에서)

 이현용 시인의 순애보는 작품 「산 자가 죄인은 아니다」에서 결론을 정리하고 있는 것이다. "안타깝지 않은 것이 어디 있으랴/ 나쁜 기억도 오래 가는데/ 좋았던 기억들은 어떨까// 생각한다고 자책한다고 달라질까/ 어쩌다 그런 일이 있었던 거다// 과거로 돌아갈 수 없으니/ 기억은 기억대로 현실은 현실대로/ 그냥 사는 게다 그렇게// 남은 것이 버려진 것이 아니듯/ 남아 있다는 것이 죄는 아니니까"라는 어조로 현재의 심정을 긍정하면서 자신을 수용하는 미덕을 적시하고 있는 것이다.

## 2.시간성에서 탐색하는 그리움의 원류
 이현용 시인은 계절에 따라서 변화하는 자연 섭리에 민감하다. 이와 같은 자연의 민감성에 따라서 그의 내면에 잠재한 그리움의 의식에는 변화가 없다. 만유(萬有)의 자연

사물이 철따라 변화하는 모습에서도 지난날의 애환(哀歡)이 작품으로 형상화하는 그의 지적인 소양은 더욱 우리들을 안타깝게 흡인하고 있는 것이다.

어떤 사람은 꿈을 꾸며
누군가는 희망을 갖는
봄이 오는 길목에서
햇살 가득한 들녘을 바라본다

가을을 심는 농부와
저녁을 캐는 아낙의 웃음 띤 말소리에
새뜰엔 봄이 피어나고
부지불식간에 떠오르는 기억들은
가슴을 저미는 일상이다

만날 수 있는 헤어짐도 서러운데
기다릴 수 없는 이별은 어떠랴
사랑도 죽음도 외로움도 삶의 일부러니
내일로 가는 하루가 또 쌓인다

따뜻한 바람이 분다
겨울이 떠난 자리에 싹이 돋아난다
―「봄이 오는 길목에서」전문

그는 이처럼 "봄이 오는 길목에서" 봄이 간직한 고유의 이미지보다는 그 햇살 가득한 들녘을 바라보노라면

"부지불식간에 떠오르는 기억들"만 가슴저미게 상기되는 봄이다. 그는 "만날 수 있는 헤어짐도 서러운데/ 기다릴 수 없는 이별은 어떠랴/ 사랑도 죽음도 외로움도 삶의 일부려니/ 내일로 가는 하루가 또 쌓인다"는 어조로 만날 수 없는 헤어짐과 기다릴 수 없는 이별에 대한 그의 의식은 바로 사랑과 죽음 그리고 외로움도 모두 삶의 일부라는 긍정의 이미지를 이 봄날에 들려주고 있는 것이다.

우리 시작법에는 시적인 상황을 설정하면서 먼저 주변의 형태를 보여주고(showing-사물 이미지) 다음에 자기의 관념인 주제를 들려주는(telling) 시법을 선호하는 경우를 자주 접하게 된다.

이현용 시인도 먼저 "봄이 오는 길목에서/ 햇살 가득한 들녘을 바라"보는 시각적인 형태에서 "가을을 심는 농부와/ 저녁을 캐는 아낙의 웃음 띤 말소리에/ 새뜰엔 봄이 피어나"는 시각, 청각의 합성 이미지로 작품을 정리하다가 제3연의 주제의 핵심으로 이끌어서 우리의 공감영역을 확대하고 있는 것이다.

이러한 그리움의 원류는 작품「봄비 내리는 날」중에서 "부엉이 지쳐 떠난 뒤/ 댓잎 서성이던 마당에/ 달빛마저 잠이 들면/ 빈 가슴 에이는 그리움에" 긴 밤을 뒤척이거나「섬진강의 봄」중에서도 "속절없는 그리움에 애를 태우며/ 흩어지는 흔적들을 갈무리하던 섬진강// 봉오리 열어 주는 봄볕에/ 켜켜이 쌓였던 정한情恨을 풀어낸다"는 정한을 봄철에 재생시키고 있는 것이다.

먼 산 잔설殘雪이 남아 앙탈 부리는
겨울을 달래면서 봄볕 내리면

바위 곁에 푸념하던 강물이
강태공 다시 올까 가슴을 열고

쑥이랑 달래 씀바귀 돋아나며
원앙이 찾아드는 강마을

나물 캐던 아낙은 어디로 갔는지
냉이 꽃 노랗게 핀다

— 「강마을의 봄」 전문

 이처럼 봄 계절은 시간성에서 탐구하는 서정의 집합체이다. 만물이 소생하면서 생명을 탄생시키는 중요한 이미지가 동반하게 되는데 아직 먼 산에는 잔설이 남아 있지만 벌써 "쑥이랑 달래 씀바귀 돋아나며/ 원앙이 찾아드는 강마을"이지만 결론으로 "나물 캐던 아낙은 어디로 갔는지/ 냉이꽃 노랗게 핀다"는 자연 서정의 보고(寶庫)를 노래하는 정경(情景)인데 나물캐던 아낙이 보이지 않는 어조에서는 어쩐지 앞에서 살펴본 순애(純愛)의 그리움이 잔존하고 있음을 들려주고 있는 것이다.
 이 밖에도 작품 「봄비 내리는 밤에」 「자귀나무의 봄날」 「섬진강에 내리는 봄비는」 「봄이 옵니다」 「봄비가 내리는 신정호」 등등에서 그가 애잔하게 갈망하는 그리움의 이미지가 봄날과 함께 작품들을 구성하고 있는 것이다.

## 3. 자연 서정에서도 사무치는 그리움

  이현용 시인의 그리움은 우리 주변에 지천으로 널려있는 자연 사물에서도 사무치고 있는 것이다. 그가 계절적인 정감에 심취해서 그곳에서 생성하는 모든 자연 현상들은 그의 의식으로 몰입하면 그대나 그리움 또는 기다림의 이미지로 형상화하는 특성을 엿보게 하는 것이다.

꿀벌을 반기며 붉히는 코스모스를
마냥 바라보며 서 있다

고추잠자리 쫓아다니며 뜀박질하던 꼬마도
그늘 밑 잔디밭에 앉아서
이런저런 이야기꽃을 피우던
여인의 모습도 보이질 않고

구름이 흩어졌다 모이는 하늘에
기러기 쌍으로 나니
쓰러질 때마다 잡아 주던 손길과
그 눈빛 잊지 못하는 바람개비

행여 올세라 떠날 수 없어
길가에서 홀로 맴돈다

                                  — 「바람개비」 전문

이처럼 그는 "바람개비"라는 하나의 사물에서도 "이런저런 이야기꽃을 피우던/ 여인의 모습도 보이질 않"는 것이나 "쓰러질 때마다 잡아 주던 손길과/ 그 눈빛 잊지 못하는 바람개비" 그러나 거기에는 "행여 올세라 떠날 수 없어/ 길가에서 홀로 맴돈다"는 바람개비의 고독함이 적나라하게 적시되고 있어서 지금까지의 그리움의 이미지를 집약하고 있는 것이다.

이 "바람개비"를 왜 이 시집 표제시(標題詩)로 택했는지를 예감할 수 있는 작품이다. 그는 이 작품의 시간적인 배경을 "꿀벌을 반기며 붉히는 코스모스"와 "고추잠자리 쫓아다니며 뜀박질하던 꼬마" 등의 환경으로 보아서 가을에는 더욱 이런저런 이야기 꽃피우던 여인이 보이지 않는 상황은 바람개비가 제시하는 이미지의 함축이라고 여겨진다.

잎이 진다
가지 끝에 매달려 몸부림치다
버티지 못하고 떨어진다

상처는 아물겠지만
상흔傷痕도 치유治癒가 될까
단풍잎이 나무 곁을 떠난다

돌아서는 발걸음이 쉬우랴마는
보내는 눈빛은 또 어쩌랴
흩어지는 갈잎이 가슴을 찌른다

새순이 돋는 그날이 오면
우리 또 만날 수 있을까
오늘 밤도 하릴없이 어둠이 내린다
　　　　　　　　— 「가을에 떠난 사랑」 전문

　대체로 가을에 대한 이미지는 풍요함이다. 만물이 결실하는 풍년가가 울려퍼지는 풍족의 계절이라서 많은 시인들이 가을을 노래하고 있다. 그러나 이현용의 가을은 자연의 풍요속에서도 "가을에 떠난 사랑"이 그의 뇌리에 각인되어 있는 것이다. 사실 가을은 오곡백과 결실하는 이미지는 풍요이지만 마지막 매달린 낙엽의 처량한 가을 이미지는 자아 성찰이며 기도에 가깝다.
　이현용 시인도 가지 끝에 매달려 몸부림치다가 떨어지는 낙엽에서 그는 "상처는 아물겠지만/ 상흔傷痕도 치유治癒가 될까"라는 의문형 어조로 이 가을을 "돌아서는 발걸음이 쉬우랴마는/ 보내는 눈빛은 또 어쩌랴/ 흩어지는 갈잎이 가슴을 찌른다"는 그의 진솔한 의식을 적시하고 있어서 치유되지 않는 상흔에 대한 애절함을 형상화하고 있는 것이다.
　그러나 마지막 희망으로 "새순이 돋는 그날이 오면/ 우리 또 만날 수 있을까/ 오늘 밤도 하릴없이 어둠이 내린다"는 결론으로 이 가을에 떠나버린 사랑에 대한 애절한 기대와 희망의 메시지를 전해주고 있는 것이다.
　그가 궁극적으로 표출하고자하는 가을 이미지는 자연 서정보다는 가을의 섭리와 인생의 행로에서 상응(相應)하는 인생관이나 가치관의 이현용 시학(詩學)의 정수(精髓)를 명징(明澄)하게 정리하고 있는 것이다.

이현용 시인은 가을에 대한 다채로운 현상들에서 다양한 이미지를 투영한 작품들을 많이 창작했지만 겨울에 대한 이미지도 역시 그리움의 중심에서 그의 진정한 진실을 적시하고 있는 것이다. 그는 작품 「겨울에 뜨는 달은」 중에서 "쌓이는 그리움으로 찾아왔으나/ 흔적조차 보이질 않으니", 또는 「겨울 안개비 오는 날」 중에서 "순환循環이 자연의 섭리攝理라면/ 생로병사生老病死도 그러할진대/ 계절이 바뀌는 것처럼/ 우리도 다시 만날 수 있을까// 그대를 아프게 보낸 뒤/ 얼음 한 조각을 품고 산다" 그리고 「눈 오는 날의 단상斷想」 중에서도 "잊혀지지 않아서 가슴 아프고/ 잊혀지는 흔적이 서러운데/ 다시 돌아갈 수도 없거늘// 눈발 날리는 흐릿한 길을 보며/ 한 발 또 한 발씩 걸음을 옮긴다"는 그의 어조는 계절적인 시간성과 자연현상의 변화 등에서도 불변의 의지로 애모(哀慕)의 노래를 부르고 있는 것이다.

이현용 시인은 이 시집 전체를 순애보의 이미지를 사계절의 자연 서정과 접맥시키는 그의 특유의 시법으로 정리하고 있어서 그의 사랑학과 시학 그리고 시간성이 복합적으로 발현하고 있는 순수성을 높이 평가하게 되는 것이다.

### 4. 향수(鄕愁)와 그리움의 이중주

일찍이 플라톤은 "원류에 대한 동경… 영원한 고향에 대한 거리감에 앓는 것, 그리고 그 곳으로 귀향하려는 노력, 그것이 향수다."라고 해서 고향에 대한 다양한 상념(想念)을 들려주고 있다. 사실 고향은 나의 생명이 탄생하고 보존된 무한한 그리움이며 삶의 추억이 가득 깃든 이미지의 보고이다.

   그래서 우리 시인들은 고향에 대한 작품을 써보지 않은 시인은 없을 것이다. 언제나 아늑한 어머니의 품안이 그리워지고 청순한 산천경개(山川景槪)가 뇌리에서 영원히 지워지지 않는 나의 작품의 모티프가 되는 것이다.

마을로 찾아드는 달빛 따라
하얀 눈발이 날린다

텅 빈 들녘의 고요를 흔들면서
허수아비의 등을 토닥여 주곤
벼등걸의 빈 가슴을 채워 주며
광시댁이 내오던 새참 자리에 내리다가

삐비* 뽑고 연 날리던 뚝방을 넘어
개구쟁이 물놀이하던 냇물을 건너더니

아버지께서 타작하시던 마당을 지나
담장가 홍시를 쓰다듬고는
어머니의 장독대에 쌓인다

고향에 내리는 눈은
하나 둘 잊혀지던 추억들
그리움을 깨우며 내린다

―「고향에 내리는 눈은」 전문

 이현용 시인의 고향은 충남 홍성군 장곡면 천태리이다. 그는 이곳에서 자라면서 오감(五感)을 통해서 경험한 다채로운 사연들이 작품으로 형상화해서 우리들을 노스탈쟈의 아늑한 세계로 안내하고 있는 것이다.
 이 작품은 고향에서 아버지의 타작마당과 어머니의 장독대와 빈 들녘의 허수아비, 광시댁 새참, 삐비 뽑고 연날리던 뚝방과 개구쟁이의 물놀이 등등은 눈 내리는 고향의 진풍경(珍風景)이 그의 사유(思惟)의 정점에서 "하나 둘 잊혀지던 추억들/ 그리움을 깨우"고 있는 것이다.
 그는 다시 작품「나의 고향 천태리」중에서 "어머니의 훈김이 살아 있어/ 그리움이 먹물처럼 스며드는/ 내 생生이 시작된 나의 고향 천태리"이며「부재不在」중에서는 "순이 엄마 냉이 캐던 손등에/ 봄이 한가롭게 내리며/ 종달새 높이 나는 등성이 비탈밭/ 청보리 춤추면서 익어 가면/ 꾀꼬리 노랫소리 메아리치던 고향"이라는 동심의 순정미가 넘치는 고향 예찬(禮讚)이다.
 다시 그는 고향을 상기하면서 부모의 은혜에 대한 추억을 빼놓을 수는 없을 것이다.

허수아비 팔 벌려 맞이하고
벼들이 목례하는 논에
노을이 내리면
갈개친* 논두렁 외길 인생
두렁콩 지고 오시던 아버지

─「아버지 - 기일忌日에 부쳐」중에서

코트보다 몸뻬가* 편하다고 하시더니
친구들을 불러 모으시고
어쩌다 목소리라도 들을라치면
난 괜찮다며 전화세 걱정하시던 어머니
─「중앙시장 모퉁이에서」중에서

이현용 시인은 고향 이미지에서 간과할 수 없는 것이 아버지와 어머니에 대한 정서의 확대일 것이다. 그는 "아버지-기일忌日에 부쳐"에서 이해할 수 있듯이 논두렁 외길 인생인 아버지가 두렁콩을 지고 오는 형상이나 하루 종일 일을 마치고 어둑하게 저무는 하루는 아버지가 달빛을 타고 집으로 돌아오는 모습에서 아버지에 대한 그리움을 적시하고 있는 것이다.

한편 어머니는 어려운 농촌 살림 걱정을 하시던 모습과 "징검돌이 건너는 앞개울/ 어머니가 애환哀歡을 헹구던 빨래터와/ 둠벙의 구름은 어디로 갔을까(「고향에는」중에서)"라는 어조와 같이 어머니의 사모(思母)의 정감적인 이미지가 공감을 유로(流露)하고 있는 것이다.

이처럼 이현용 시인은 고향과 부모의 불가분의 상관성에서 그의 정서는 순수 서정의 면모를 견지하면서 애향과 효도의 중심으로 향수를 명민하게 정리하고 있는 것이다. 그는 "등성이 옥수수밭 가장자리/ 조그만 터를 잡으신 아버지"와 "어린 시절 잘못을 할 때면/ 역성드시는 어머님께 역정逆情을 내시"지만 "논으로 밭으로 탄광으로/ 고단한 삶을 묵묵히 견디"신 "당신의 애환을 담아내던 소쿠리에/쌓이는 그리움이 넘칩니다(이상「옥수수밭에서」중에서)"라는 효성의 사유는 우리 시가 지향하는 인본주의(humanism)의 실현을 위한 이현용 시인의 근본 시정신이라고 할 수 있을 것이다.

　이제 이현용 시집 『바람개비』를 주마간산(走馬看山)으로 살펴보았다. 그는 "서럽고 외롭고 그리울 때마다 글을 썼다. 내 글의 근간은 사랑했던 아내와 아들이다. 그들에 대한 그리움과 회한 그리고 삶에 대한 짧은 생각들을 <바람개비>에 담아 갈 수 없는 먼 나라, 그들에게 보낸다. <시인의 말>"는 그의 흐느낌처럼 시집 전체의 흐름은 바로 그리움이 대주제를 이루고 있어서 시집 『사는 이유』에서 보다 더욱 절감(切感)하게 하는 고통의 그리움이 형상화되고 있어서 독자들의 공감은 확대될 것이다.

　일찍이 프랑스 시인 보들레르가 시는 기쁨이든, 슬픔이든 항상 그 자체 속에 이상을 좇는 신과 같은 성격을 갖고 있다는 말로 시의 위의(威儀)나 본령(本領)을 암시하고 있어서 우리 모두가 새겨볼 필요가 있으리라.

　이현용 시인의 시집 출간을 진심으로 축하합니다.*